Impressum
Verlag: BABADADA GmbH, Nedderfeld 112 , 22529 Hamburg
Geschäftsführer / Verlagsleitung: Harald Hof
Druck: Books on Demand GmbH, In de Tarpen 42, 22848 Norderstedt

Imprint
Publisher: BABADADA GmbH, Nedderfeld 112 , 22529 Hamburg, Germany
Managing Director / Publishing direction: Harald Hof
Print: Books on Demand GmbH, In de Tarpen 42, 22848 Norderstedt

ysgol
el colegio

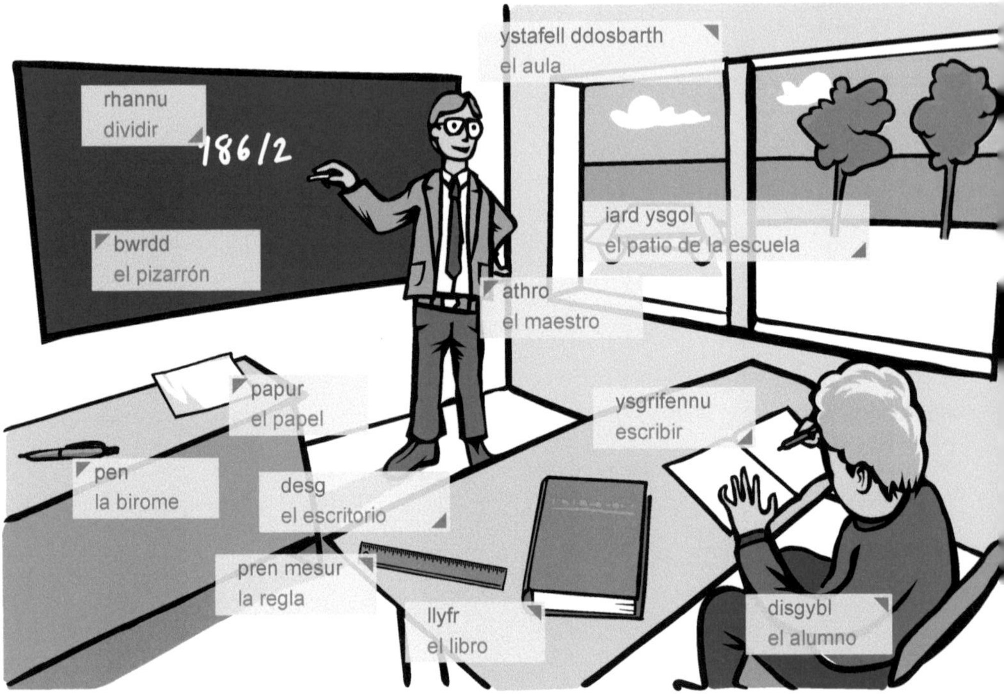
ystafell ddosbarth
el aula
rhannu
dividir
186/2
bwrdd
el pizarrón
iard ysgol
el patio de la escuela
athro
el maestro
papur
el papel
ysgrifennu
escribir
pen
la birome
desg
el escritorio
pren mesur
la regla
llyfr
el libro
disgybl
el alumno

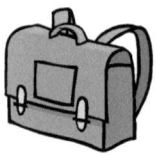

bag ysgol

la mochila

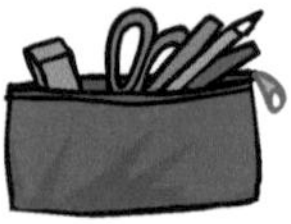

blwch penseli

la caja de lápices

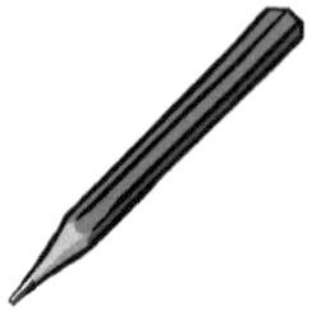

pensil

el lápiz

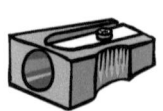

peth rhoi min ar bensil

el sacapuntas

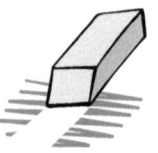

rwber

la goma (de borrar)

pad arlunio

el bloc de dibujo

llun

el dibujo

brws paent

el pincel

blwch paent

la caja de pinturas

siswrn

la tijera

glud

el pegamento

llyfr ysgrifennu

el cuaderno de ejercicios

gwaith cartref

la tarea

rhif

el número

ychwanegu

sumar

tynnu

restar

lluosi

multiplicar

cyfrifo

calcular

llythyren

la letra

gwyddor

el abecedario

gair

la palabra

testun

el texto

darllen

leer

sialc

la tiza

gwers

la lección

cofrestr

el cuaderno de clase

arholiad

el examen

tystysgrif

el certificado

gwisg ysgol

el uniforme escolar

addysg

la educación

gwyddoniadur

la enciclopedia

prifysgol

la universidad

microsgop

el microscopio

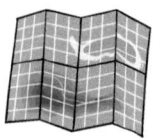

map

el mapa

basged papur gwastraff

el tacho (de basura)

teithio
el viaje

gwesty
el hotel
Grand
hostel
el hostel
ROOMS
EXCHANGE
swyddfa gyfnewid
la casa de cambio
cês dillad
la valija
car
el auto

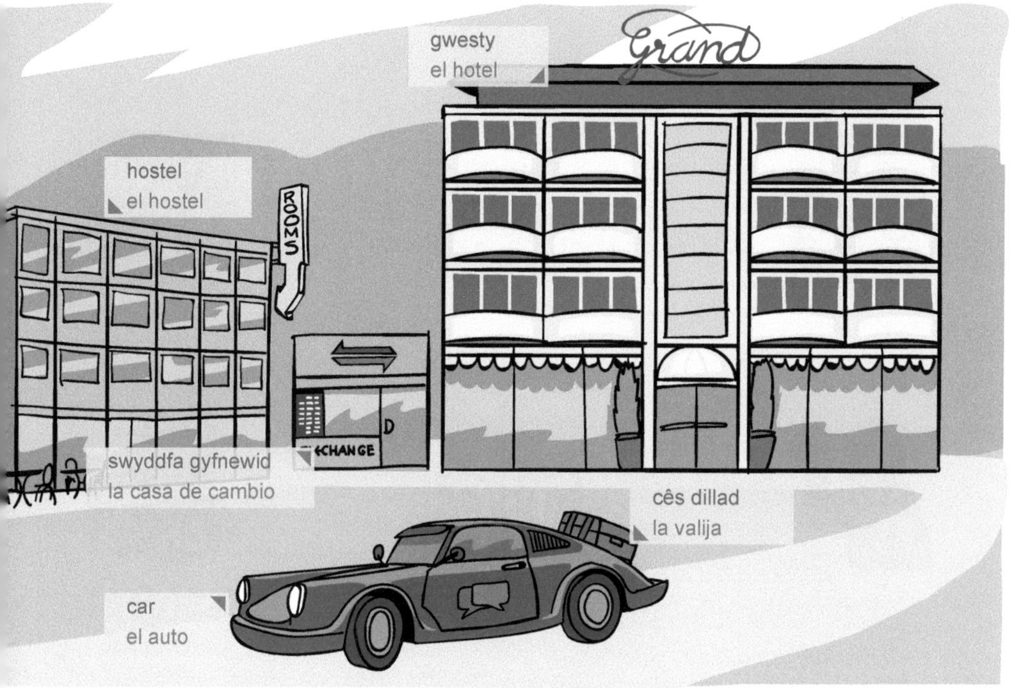

iaith
el idioma

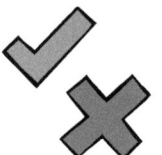

ie / na
sí / no

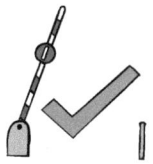

iawn
Está bien

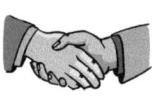

helo
hola

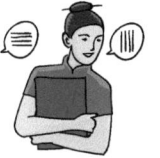

cyfieithydd
el traductor

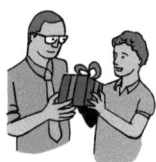

Diolch yn fawr
Gracias

faint yw ...?

¿cuánto cuesta...?

Dw i ddim yn deall

No entiendo

problem

el problema

Noswaith dda!

¡Buenas tardes!

Bore da!

¡Buenos días!

Nos da!

¡Buenas noches!

hwyl

el adiós

cyfarwyddyd

la dirección

bagiau

el equipaje

bag

el bolso

gwarbac

la mochila

gwestai

el invitado

ystafell

la habitación

sach gysgu

la bolsa de dormir

pabell

la carpa

teithio - el viaje

gwybodaeth i ymwelwyr

la información turística

traeth

la playa

cerdyn credyd

la tarjeta de crédito

brecwast

el desayuno

cinio

el almuerzo

swper

la cena

tocyn

el pasaje

lifft

el ascensor

stamp

el sello

ffin

la frontera

tollau

la aduana

llysgenhadaeth

la embajada

fisa

la visa

pasbort

el pasaporte

cludiant

el transporte

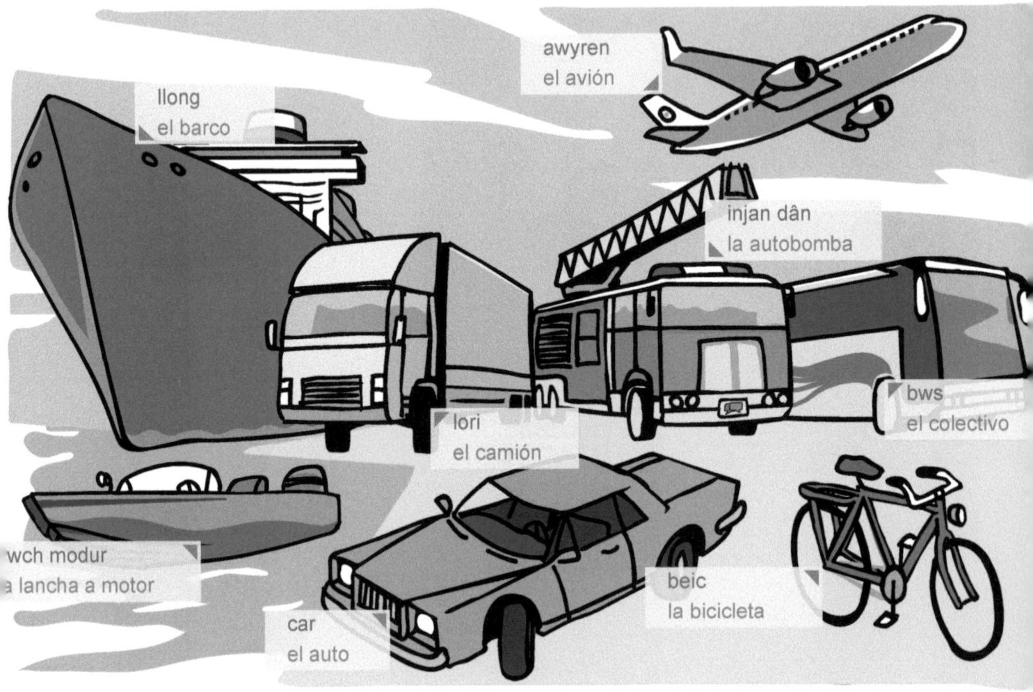

awyren
el avión
llong
el barco
injan dân
la autobomba
bws
el colectivo
lori
el camión
wch modur
a lancha a motor
beic
la bicicleta
car
el auto

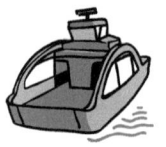

fferi

el ferry

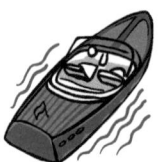

cwch

el bote

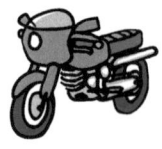

beic modur

la moto

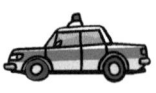

car yr heddlu

el patrullero

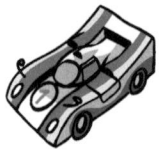

car rasio

el auto de carreras

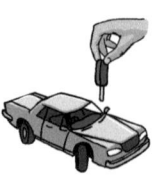

car wedi'i rentu

el auto de alquiler

rhannu car

el alquiler de autos

lori tynnu

la grúa

lori ysbwriel

el camión de la basura

modur

el motor

tanwydd

la nafta

gorsaf betrol

la estación de servicio

arwydd traffig

la señal de tránsito

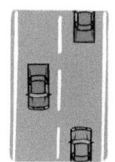

traffig

el tránsito

tagfa draffig

el embotellamiento

maes parcio

el estacionamiento

gorsaf drennau

la estación de tren

traciau

las vías

trên

el tren

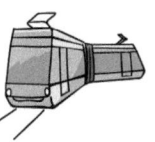

tram

el tranvía

wagen

el vagón

hofrennydd
....
el helicóptero

maes awyr
....
el aeropuerto

tŵr
....
la torre

teithiwr
....
el pasajero

cynhwysydd
....
el contenedor

paced
....
la caja de cartón

cert
....
la carretilla

basged
....
la canasta

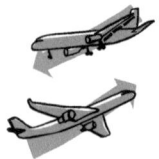

esgyn / glanio
....
despegar / aterrizar

dinas

la ciudad

pentref
....
el pueblo

canol y ddinas
....
el centro de la ciudad

tŷ
....
la casa

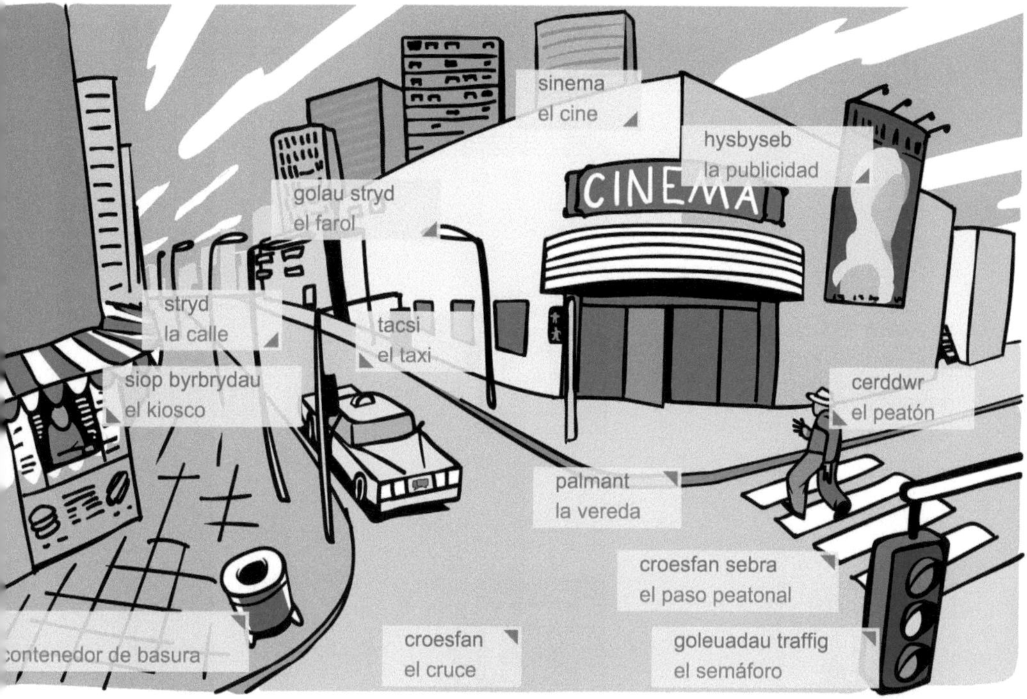
sinema
el cine
hysbyseb
la publicidad
CINEMA
golau stryd
el farol
stryd
la calle
tacsi
el taxi
siop byrbrydau
el kiosco
cerddwr
el peatón
palmant
la vereda
croesfan sebra
el paso peatonal
contenedor de basura
croesfan
el cruce
goleuadau traffig
el semáforo

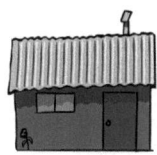

cwt

la cabaña

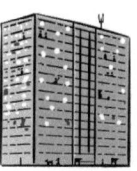

fflat

el departamento

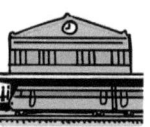

gorsaf drennau

la estación de tren

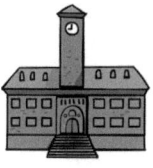

neuadd y dref

la municipalidad

MUSEUM

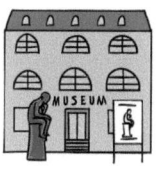

amgueddfa

el museo

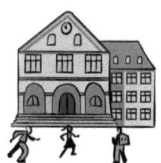

ysgol

el colegio

prifysgol

la universidad

banc

el banco

ysbyty

el hospital

gwesty

el hotel

fferyllfa

la farmacia

swyddfa

la oficina

siop lyfrau

la librería

siop

el negocio

siop flodau

la florería

archfarchnad

el supermercado

farchnad

el mercado

siop adrannol

las grandes tiendas

siop bysgod

la pescadería

canolfan siopa

el centro comercial

harbwr

el puerto

parc

el parque

banc

el banco

pont

el puente

grisiau

las escaleras

rheilffordd danddaearol

el subte

twnnel

el túnel

safle bws

la parada del colectivo

bar

el bar

bwyty

el restaurante

blwch post

el buzón

arwydd stryd

el letrero

mesurydd parcio

el parquímetro

sŵ

el zoológico

pwll nofio

la pileta

mosg

la mezquita

 fferm
la granja

llygredd
la contaminación

mynwent
el cementerio

eglwys
la iglesia

maes chwarae
los juegos infantiles

teml
el templo

tirwedd
el paisaje

deilen
la hoja

arwydd cyfeirio
el poste indicador

ffordd
el camino

dôl
la pradera

carreg
la piedra

coeden
el árbol

heiciwr
el excursionista

afon
el río

glaswellt
la hierba

blodyn
la flor

cwm

el valle

bryn

la montaña

llyn

el lago

coedwig

el bosque

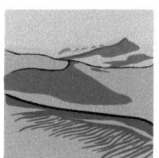

anialwch

el desierto

llosgfynydd

el volcán

castell

el castillo

enfys

el arco iris

madarchen

el champiñón

palmwydden

la palmera

mosgito

el mosquito

pryf

la mosca

morgrugyn

la hormiga

gwenyn

la abeja

pryf copyn

la araña

chwilen

el escarabajo

llyffant

la rana

gwiwer

la ardilla

draenog

el erizo

ysgyfarnog

la liebre

tylluan

la lechuza

aderyn

el pájaro

alarch

el cisne

baedd

el jabalí

carw

el ciervo

elc

el alce

argae

la presa

tyrbin gwynt

el aerogenerador

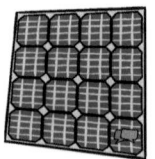

panel haul

el panel solar

hinsawdd

el clima

bwyty
el restaurante

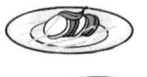

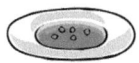

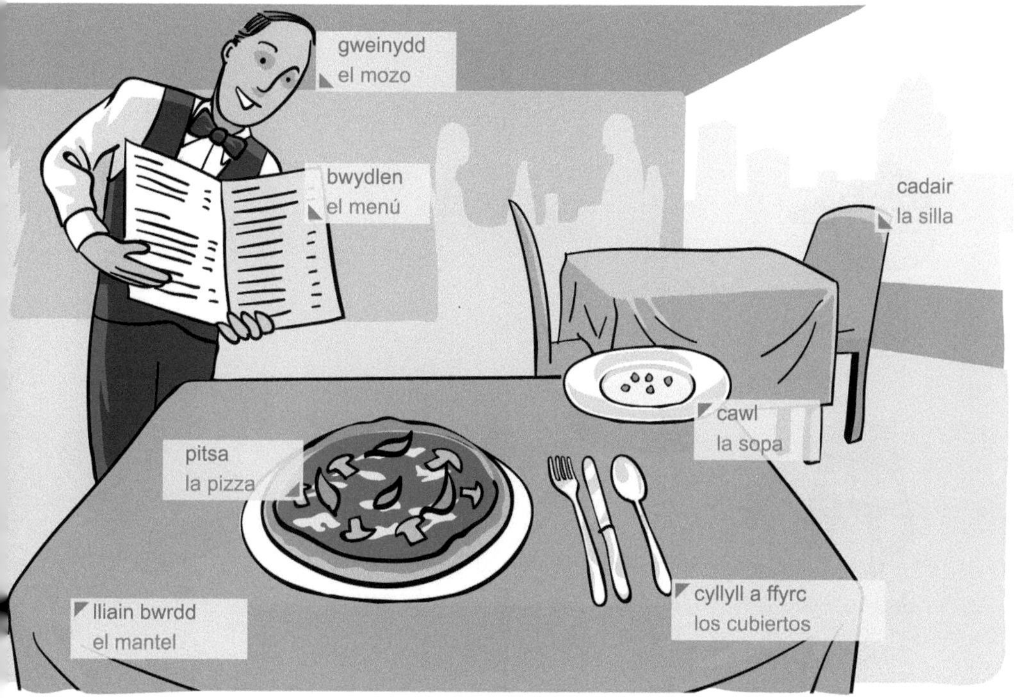
gweinydd
el mozo
bwydlen
el menú
cadair
la silla
cawl
la sopa
pitsa
la pizza
cyllyll a ffyrc
los cubiertos
lliain bwrdd
el mantel

cwrs cyntaf

la entrada

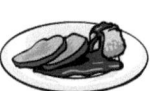

prif gwrs

el plato principal

pwdin

el postre

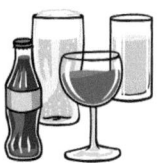

diodydd

las bebidas

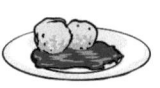

bwyd

la comida

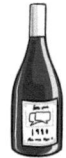

potel

la botella

bwyd cyflym

la comida rápida

bwyd y stryd

la comida callejera

tebot

la tetera

powlen siwgr

la azucarera

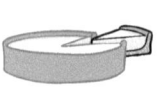

dogn

la porción

peiriant espresso

la cafetera expreso

cadair plentyn

la sillita alta

bil

la cuenta

hambwrdd

la bandeja

cyllell

el cuchillo

fforc

el tenedor

llwy

la cuchara

llwy de

la cucharita

napcyn

la servilleta

gwydr

el vaso

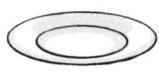

plât
el plato

plât cawl
el plato hondo

soser
el plato

saws
la salsa

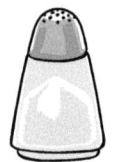

pot halen
el salero

melin bupur
el molinillo de pimienta

finegr
el vinagre

olew
el aceite

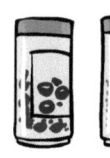

sbeisys
las especias

saws coch
el kétchup

mwstard
la mostaza

mayonnaise
la mayonesa

archfarchnad

el supermercado

cynnig arbennig
la oferta especial
FOR
cwsmer
el cliente
cynnyrch llaeth
los lácteos
ffrwythau
la fruta
troli
el changuito

BUTCHERS

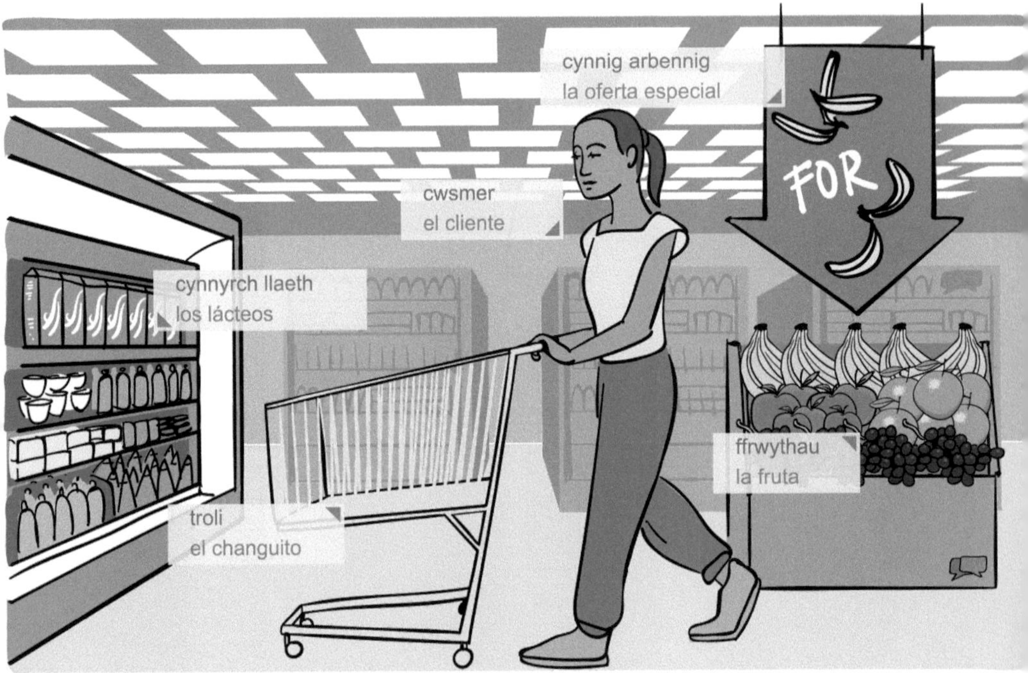

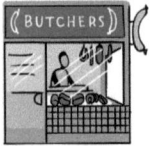

siop gig

la carnicería

BAKERY

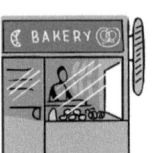

siop fara

la panadería

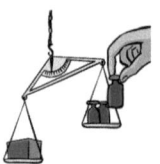

pwyso

pesar

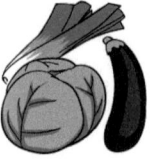

llysiau

las verduras

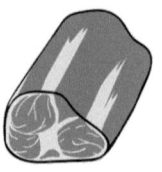

cig

la carne

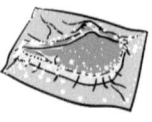

Bwyd wedi'i rewi

los alimentos congelados

cig oer

los fiambres

bwyd tun

los alimentos enlatados

powdr golchi

el detergente en polvo

da-da

las golosinas

cynnyrch cartref

los electrodomésticos

cynhyrchion glanhau

los productos de limpieza

gwerthwraig

la vendedora

til

la caja

ariannwr

el cajero

rhestr siopa

la lista de compras

oriau agor

el horario de atención

waled

la billetera

cerdyn credyd

la tarjeta de crédito

bag

la cartera

bag plastig

la bolsa de plástico

diodydd
las bebidas

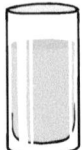

dŵr
el agua

sudd
el jugo

llefrith
la leche

côc
la bebida cola

gwin
el vino

cwrw
la cerveza

alcohol
el alcohol

coco
el cacao

te
el té

coffi
el café

espresso
el café expreso

cappuccino
el cappuccino

ffrwchledd

la banana

afal

la manzana

oren

la naranja

melon

el melón

lemwn

el limón

moronen

la zanahoria

garlleg

el ajo

bambŵ

el bambú

nionyn

la cebolla

madarchen

el champiñón

cnau

las nueces

nwdls

los fideos

sbageti

los tallarines

reis

el arroz

salad

la ensalada

sglodion

las papas fritas

tatws wedi'u ffrïo

las papas fritas

pitsa

la pizza

hambyrger

la hamburguesa

brechdan

el sándwich

cytled

el churrasco

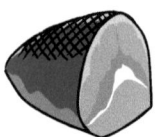

ham

el jamón

salami

el salame

selsig

la salchicha

cyw iâr

el pollo

rhost

el asado

pysgodyn

el pescado

ceirch uwd

los copos de avena

miwsli

el muesli

creision ŷd

los copos de maíz

blawd

la harina

croissant

la medialuna

bynsen

el pancito

bara

el pan

tost

la tostada

bisgedi

las galletitas

menyn

la manteca

ceuled

la cuajada

teisen

la torta

wy

el huevo

wy wedi'i ffrïo

el huevo frito

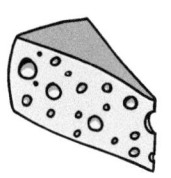

caws

el queso

hufen iâ

el helado

siwgr

el azúcar

mêl

la miel

jam

la mermelada

siocled taenu

la pasta de chocolate

cyri

el curry

bwyd - la comida

fferm
la granja

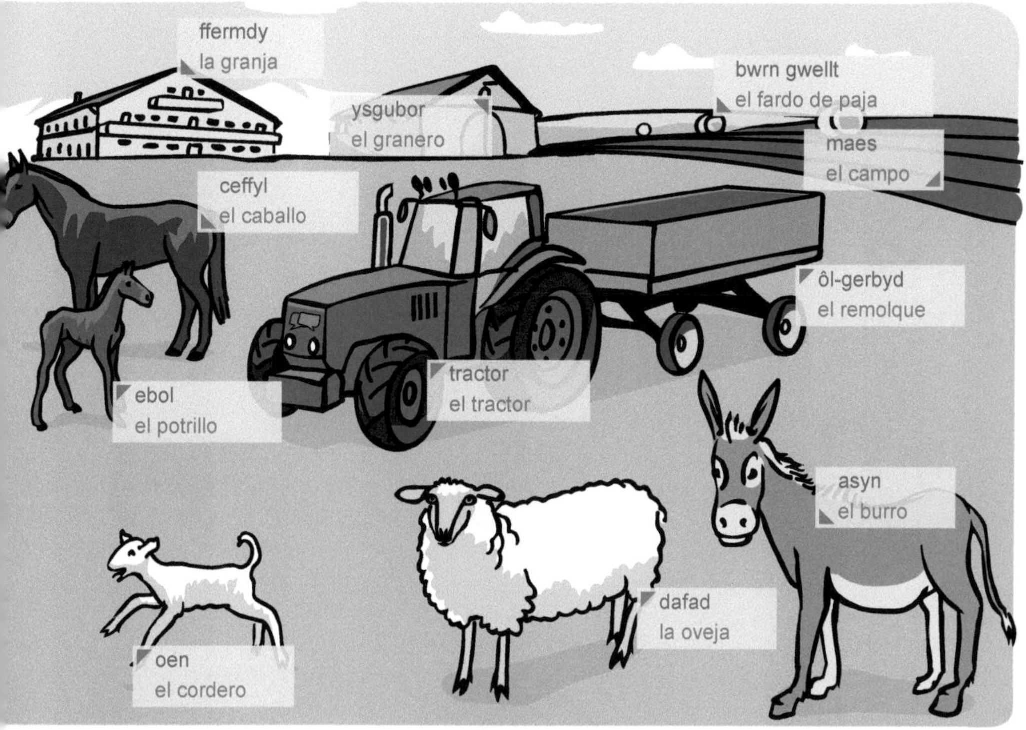
ffermdy
la granja
ysgubor
el granero
bwrn gwellt
el fardo de paja
maes
el campo
ceffyl
el caballo
ôl-gerbyd
el remolque
tractor
el tractor
ebol
el potrillo
asyn
el burro
dafad
la oveja
oen
el cordero

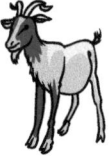

gafr

la cabra

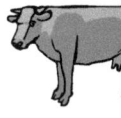

buwch

la vaca

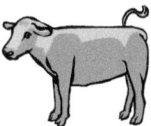

llo

el ternero

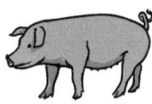

mochyn

el cerdo

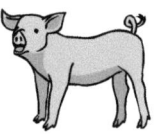

porchell

el lechón

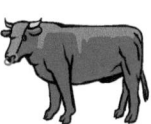

tarw

el toro

gwydd

el ganso

hwyaden

el pato

cyw

el pollo

iâr

la gallina

ceiliog

el gallo

llygoden fawr

la rata

cath

el gato

llygoden

el ratón

ych

el buey

ci

el perro

cwt ci

la cucha

pibell ddŵr

la manguera

can dŵr

la regadera

pladur

la guadaña

aradr

el arado

 fferm - la granja

cryman

la hoz

fforch chwynu

la azada

picwarch

la horquilla

bwyell

el hacha

berfa

la carretilla

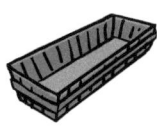

cafn

el abrevadero

tun llefrith

la lechera

sach

la bolsa

ffens

la reja

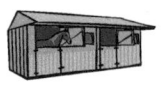

stabl

el establo

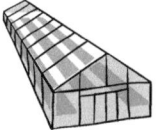

tŷ gwydr

el invernadero

pridd

el suelo

hedyn

la semilla

gwrtaith

el fertilizador

dyrnwr medi

la cosechadora

cynaeafu

cosechar

cynhaeaf

la cosecha

iamau

las batatas

gwenith

el trigo

soi

la soja

tysen

la papa

grawn

el maíz

had rêp

la semilla de colza

coeden ffrwythau

el árbol frutal

manioc

la mandioca

grawnfwydydd

los cereales

tŷ
la casa

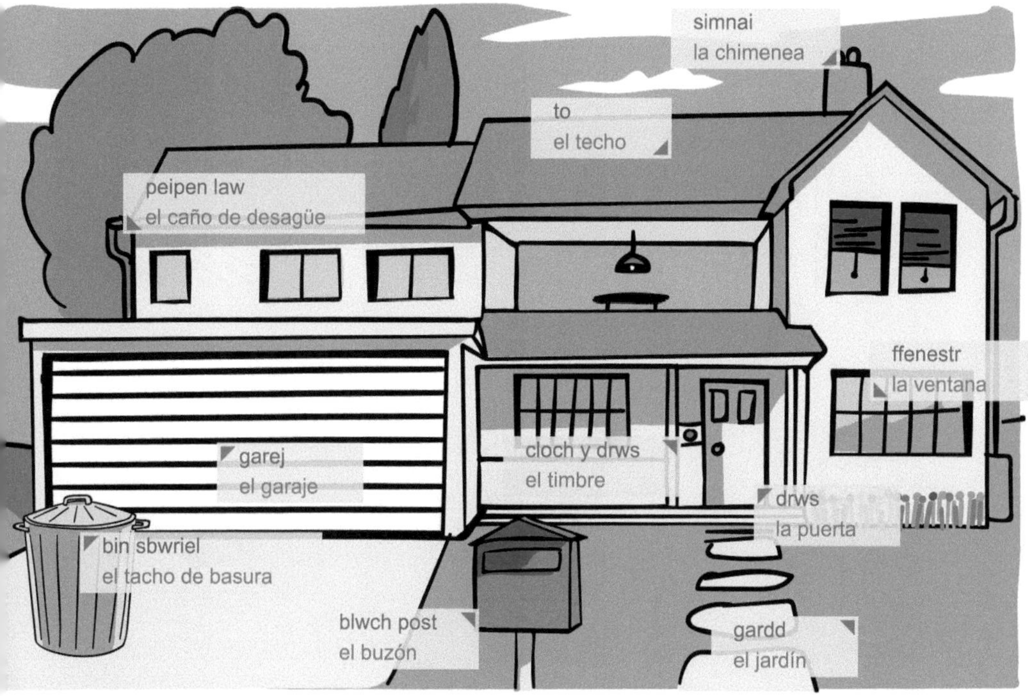
simnai
la chimenea
to
el techo
peipen law
el caño de desagüe
ffenestr
la ventana
garej
el garaje
cloch y drws
el timbre
drws
la puerta
bin sbwriel
el tacho de basura
blwch post
el buzón
gardd
el jardín

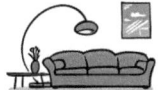

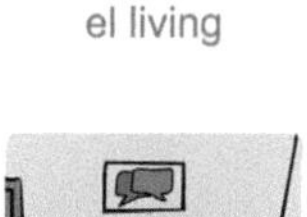

lolfa
el living

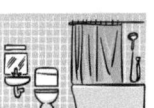

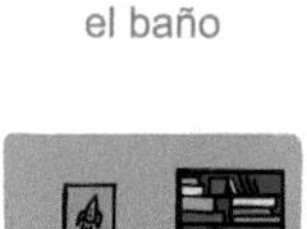

ystafell ymolchi
el baño

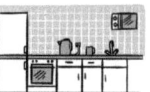

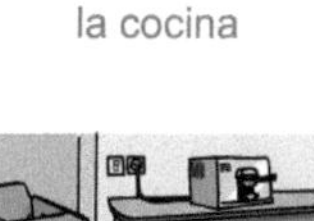

cegin
la cocina

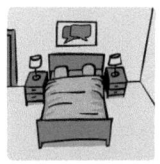

ystafell wely
el dormitorio

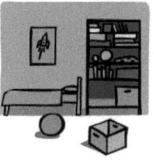

ystafell plentyn
el cuarto de los chicos

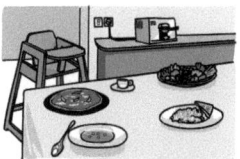

ystafell fwyta
el comedor

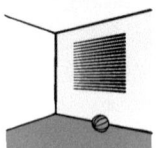

llawr

el piso

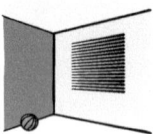

wal

la pared

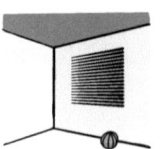

nenfwd

el cielorraso

seler

el sótano

sawna

el sauna

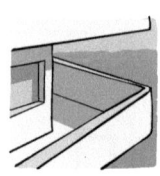

balconi

el balcón

teras

la terraza

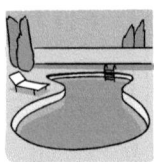

pwll

la pileta

peiriant torri gwair

la cortadora de pasto

taflen

la sábana

gorchudd gwely

el acolchado

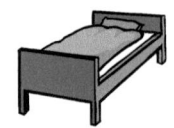

gwely

la cama

ysgub

la escoba

bwced

el balde

swits

el interruptor

lolfa

el living

papur wal
el empapelado
llun
la imagen
lamp
la lámpara
silff
el estante
cwpwrdd
el armario
teledu
la televisión
lle tân
la chimenea
blodyn
la flor
clustog
el almohadón
soffa
el sofá
fâs
el florero
rheolydd o bell
el control remoto

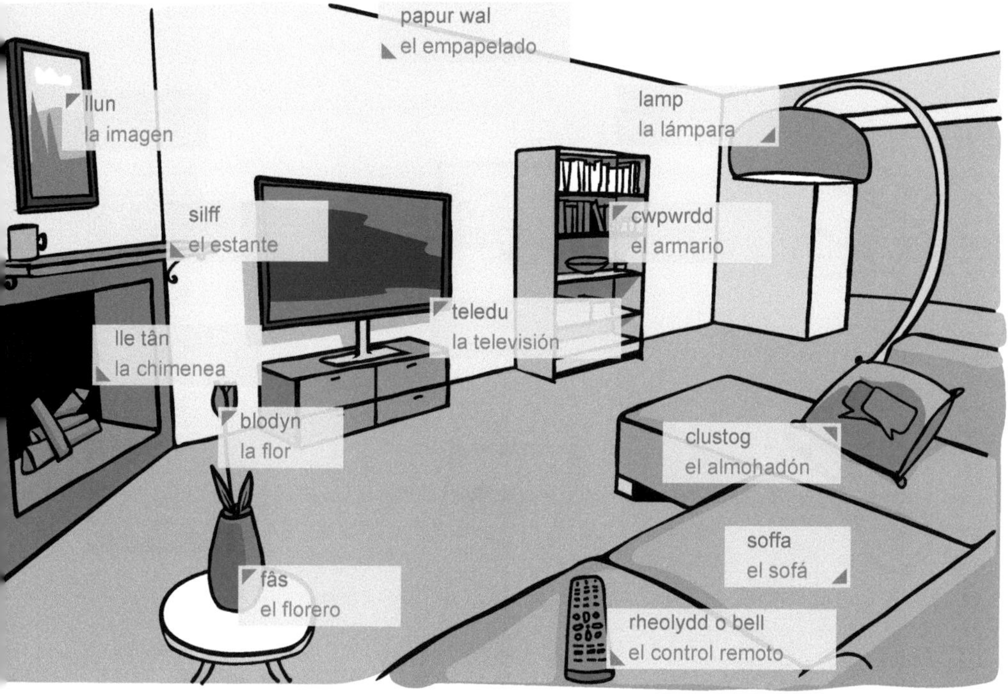

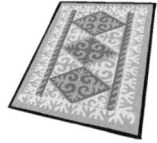

carped
la alfombra

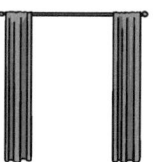

llen
la cortina

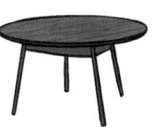

bwrdd
la mesa

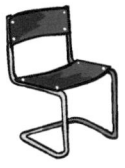

cadair
la silla

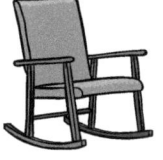

cadair siglo
la mecedora

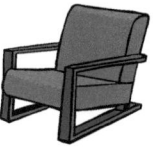

cadair freichiau
el sillón

llyfr

el libro

blanced

la frazada

addurn

la decoración

coed tân

la leña

ffilm

la película

hi-fi

el equipo de música

agoriad

la llave

papur newydd

el diario

darlun

la pintura

poster

el póster

radio

la radio

llyfr nodiadau

el cuaderno

hwfer

la aspiradora

cactws

el cactus

cannwyll

la vela

cegin
la cocina

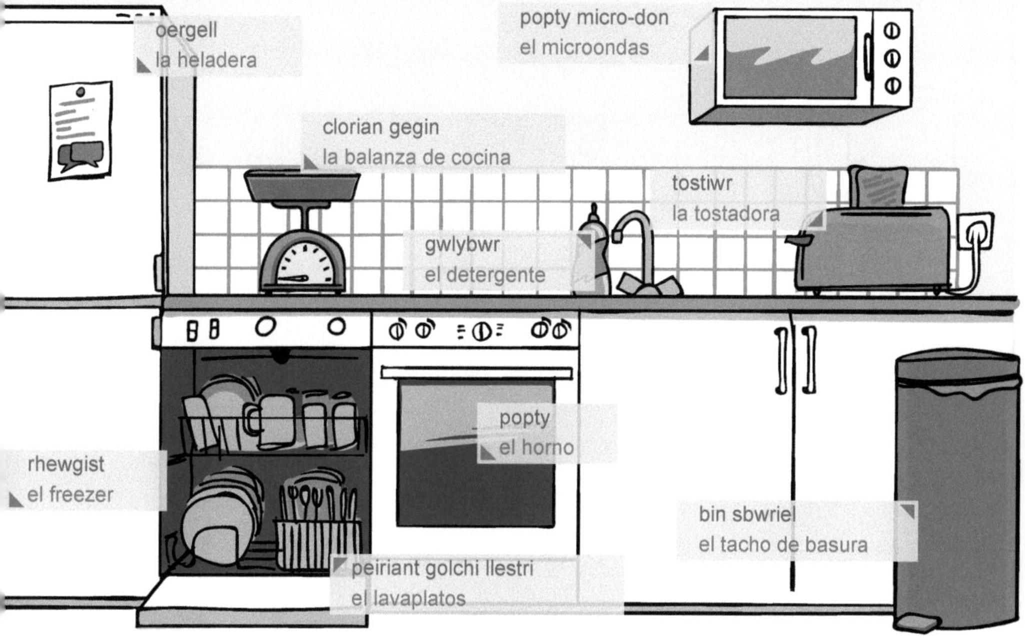

oergell
la heladera
popty micro-don
el microondas
clorian gegin
la balanza de cocina
tostiwr
la tostadora
gwlybwr
el detergente
popty
el horno
rhewgist
el freezer
bin sbwriel
el tacho de basura
peiriant golchi llestri
el lavaplatos

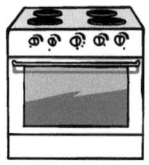

popty
la cocina

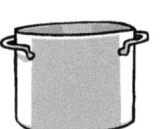

pot
la olla

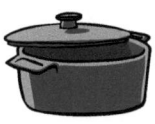

pot haearn bwrw
la olla de hierro fundido

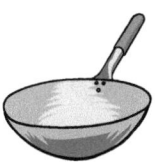

wok / kadai
el wok

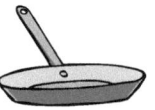

padell
la sartén

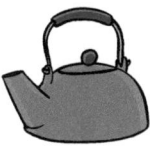

tegell
la pava

sosban stemio
....
la vaporera

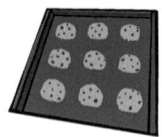

hambwrdd pobi
....
la bandeja de horno

llestri
....
la vajilla

mwg
....
la taza

powlen
....
el bol

gweill bwyta
....
los palitos

lletwad
....
el cucharón

ysbodol
....
la espátula

chwisg
....
la batidora

hidlydd
....
el colador

gogr
....
el colador

gratiwr
....
el rallador

morter
....
el mortero

barbeciw
....
la parrilla

tân agored
....
la fogata

bwrdd torri cig

la tabla de picar

rholbren

el palo de amasar

tynnwr corcyn

el sacacorchos

tun

la lata

peth agor tuniau

el abrelatas

clwt pot

la manopla

sinc

la pileta

brws

el cepillo

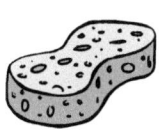

sbwng

la esponja

peiriant cymysgu

la batidora

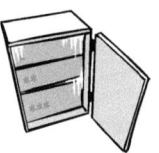

rhewgell

el congelador

potel babi

la mamadera

tap

la canilla

cegin - la cocina

ystafell ymolchi

el baño

gwres
la calefacción
tywel
la toalla
cawod
la ducha
llen gawod
la cortina de la ducha
baddon ewyn
el baño de espuma
baddon
la bañadera
gwydr
el vaso
peiriant golchi
el lavarropas
tap
la canilla
teils
las baldosas
potyn
la pelela
sinc
la pileta

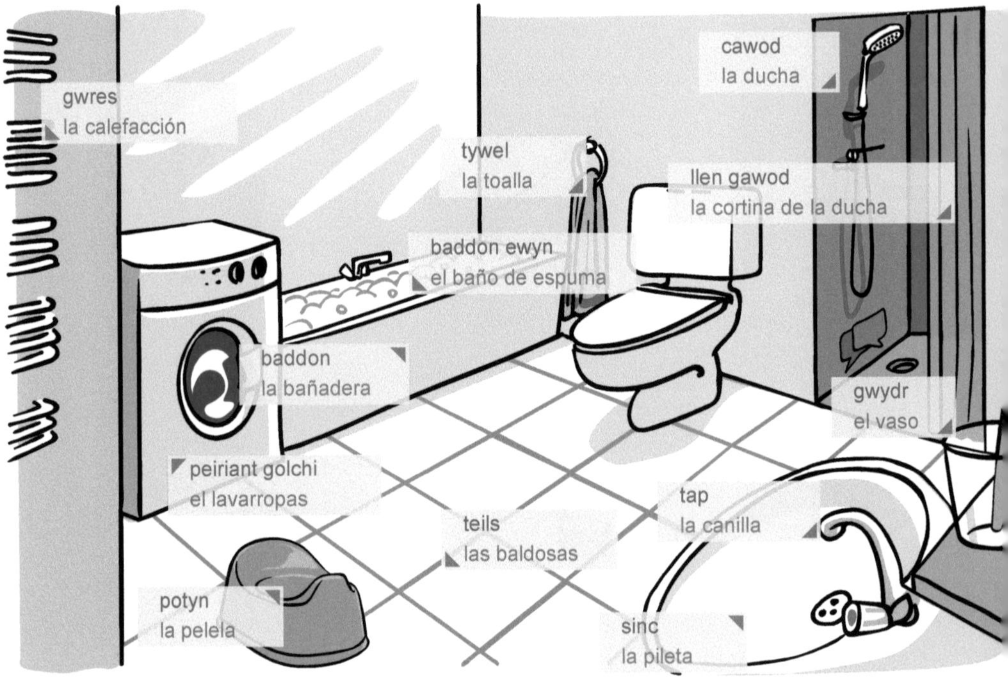

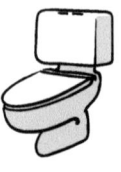

tŷ bach

el inodoro

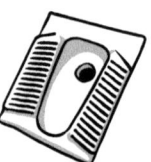

toiled cyrcydu

la letrina

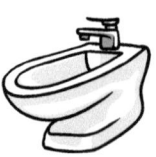

bidet

el bidé

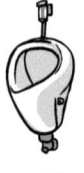

troethfa

el mingitorio

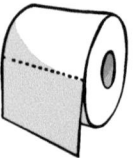

papur tŷ bach

el papel higiénico

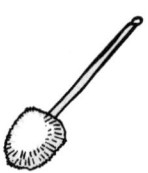

brws tŷ bach

el cepillo para el inodoro

brws dannedd

el cepillo de dientes

past dannedd

el dentífrico

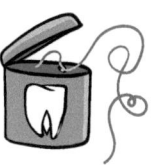

edau ddannedd

el hilo dental

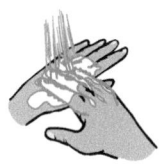

golchi

lavar

cawod llaw

la ducha de mano

golchfa

la ducha higiénica

basn

la palangana

brws-ôl

el cepillo para la espalda

sebon

el jabón

gel cawod

el gel de ducha

siampŵ

el shampoo

gwlanen

la toallita

ffos

el desagüe

hufen

la crema

diaroglydd

el desodorante

drych

el espejo

drych llaw

el espejito

rasel

la maquinita de afeitar

ewyn eillio

la espuma de afeitar

sent eillio

el aftershave

crib

el peine

brws

el cepillo

sychwr gwallt

el secador de pelo

chwistrell gwallt

el spray

colur

el maquillaje

minlliw

el lápiz de labios

farnais ewinedd

el esmalte para uñas

gwlân cotwm

el algodón

siswrn ewinedd

la tijera para uñas

persawr

el perfume

bag ymolchi

el portacosméticos

stôl

la banqueta

clorian

la balanza

gŵn baddon

la bata

menig rwber

los guantes de goma

tampon

el tampón

tywel misglwyf

la toallita femenina

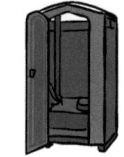

toiled cemegol

el baño químico

ystafell plentyn
el cuarto de los chicos

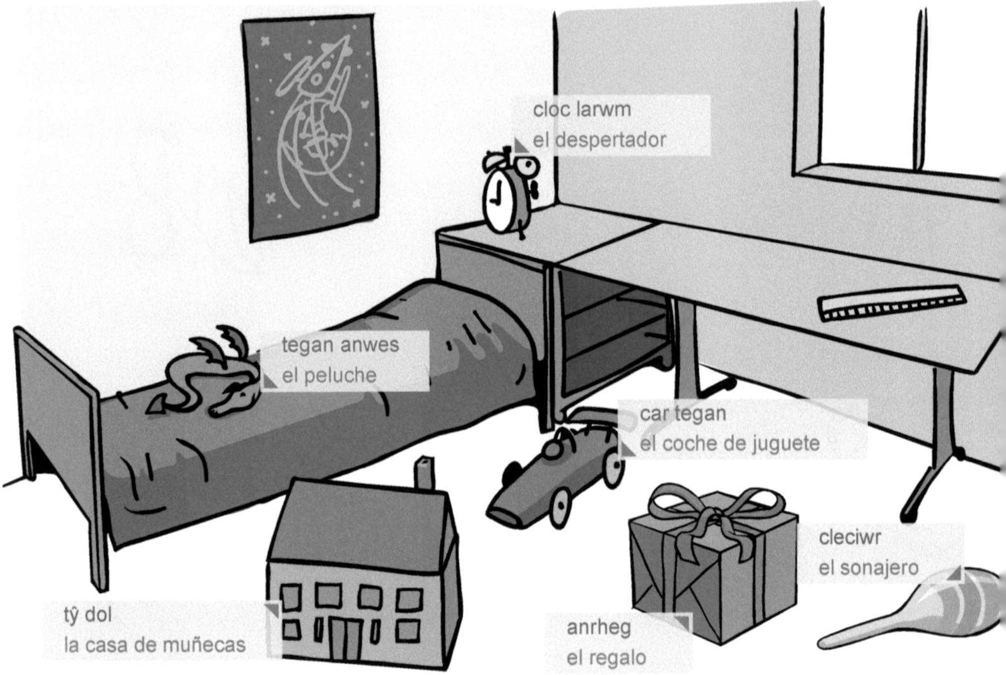
cloc larwm
el despertador
tegan anwes
el peluche
car tegan
el coche de juguete
cleciwr
el sonajero
tŷ dol
la casa de muñecas
anrheg
el regalo

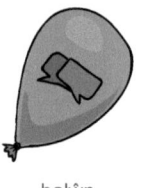

balŵn

el globo

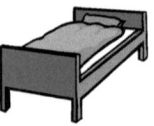

gwely

la cama

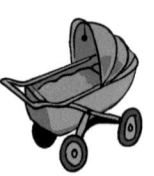

pram

el cochecito

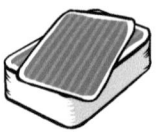

pecyn o gardiau

las cartas

jig-so

el rompecabezas

SUPER
MEGA

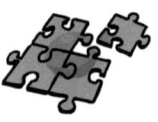

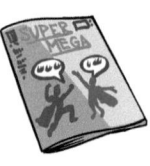

comic

la historieta

brics Lego

las piezas de lego

blociau adeiladu

los ladrillos de juguete

ffigur gweithredu

la figura de acción

babygro

el enterito (de bebé)

ffrisbi

el frisbee

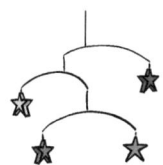

ffôn symudol

el móvil para bebés

gêm fwrdd

el juego de mesa

deis

los dados

set model trên

el tren eléctrico

teth lwgu

el chupete

parti

la fiesta

llyfr lluniau

el libro de cuentos ilustrado

pêl

la pelota

dol

la muñeca

chwarae

jugar

pwll tywod

el arenero

swing

la hamaca

teganau

los juguetes

consol gemau fideo

la consola de videojuegos

beic tair olwyn

el triciclo

tedi

el osito de peluche

cwpwrdd dillad

el armario

dillad

la ropa

hosanau

las medias

hosanau

las medias panty

teits

las calzas

sgarff
la bufanda

ymbarél
el paraguas

crys-t
la remera

gwregys
el cinturón

esidiau ymarfer
las zapatillas

esgidiau
las botas

sliperi
las pantuflas

sandalau
las sandalias

esgidiau
los zapatos

esgidiau rwber
las botas de goma

trôns
la ropa interior

bra
el corpiño

fest
el chaleco

corff

el body

trowsus

los pantalones

jîns

los jeans

sgert

la pollera

blows

la blusa

crys

la camisa

pwlofer

el pulóver

hwdi

el buzo

blaser

el blazer

siaced

la campera

côt

el tapado

côt law

el piloto

gwisg

el traje

gŵn

el vestido

gwisg briodas

el vestido de novia

siwt
el traje

gŵn nos
el camisón

pyjamas
el pijama

sari
el sari

sgarff pen
el pañuelo para la cabeza

tyrban
el turbante

bwrca
la burka

cafftan
el caftán

abaya
la abaya

gwisg nofio
el traje de baño

trowsus nofio
el short de baño

siorts
los shorts

tracwisg
el jogging

ffedog
el delantal

menig
los guantes

botwm
....
el botón

sbectol
....
los anteojos

breichled
....
la pulsera

cadwyn
....
el collar

modrwy
....
el anillo

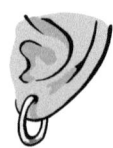

clustdlws
....
el aro

cap
....
la gorra

cambren
....
la percha

het
....
el sombrero

tei
....
la corbata

sip
....
el cierre

helmed
....
el casco

fframiau danedd
....
los tiradores

gwisg ysgol
....
el uniforme escolar

gwisg
....
el uniforme

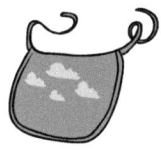

bib

el babero

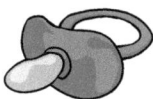

teth lwgu

el chupete

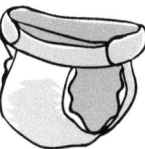

cewyn

el pañal

swyddfa
la oficina

gweinydd
el servidor
cwrpwrdd ffeilio
el archivero
argraffydd
la impresora
papur
el papel
monitor
el monitor
desg
el escritorio
llygoden
el mouse
ffolder
la carpeta
bysellfwrdd
el teclado
basged papur gwastraff
el tacho (de basura)
cyfrifiadur
la computadora
cadair
la silla

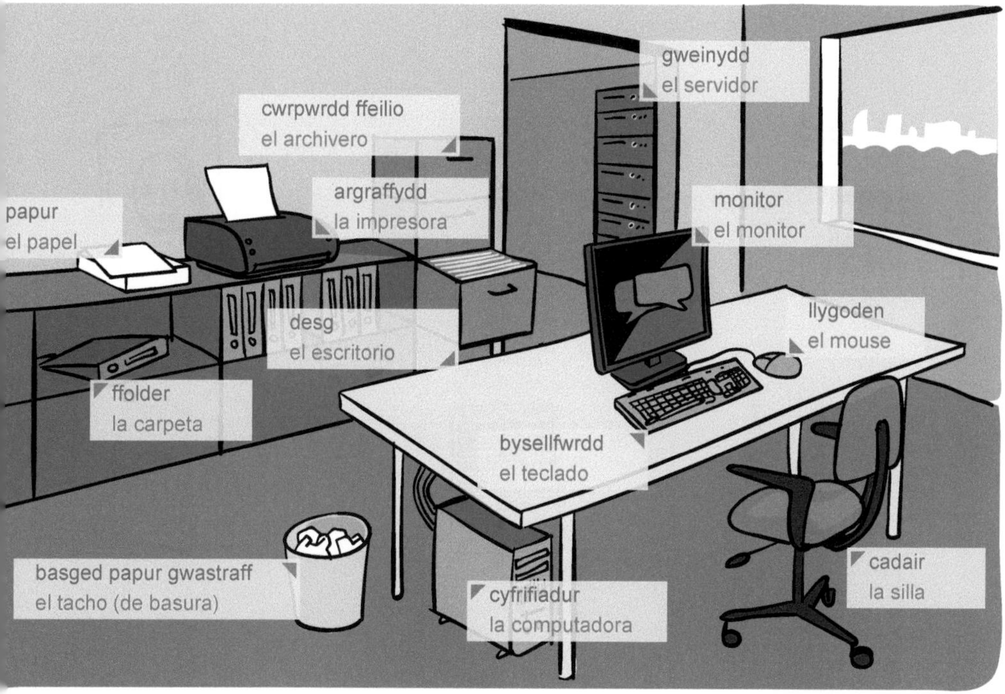

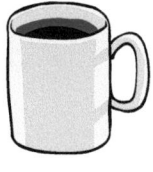

mwg coffi

la taza de café

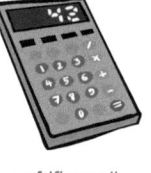

cyfrifiannell

la calculadora

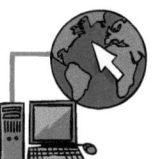

rhyngrwyd

el internet

gliniadur

la laptop

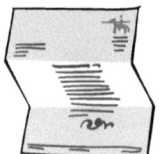

llythyr

la carta

neges

el mensaje

ffôn symudol

el celular

rhwydwaith

la red

llungopïwr

la fotocopiadora

meddalwedd

el software

teleffon

el teléfono

soced plwg

el tomacorriente

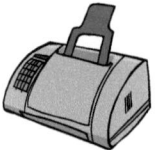

peiriant ffacs

el fax

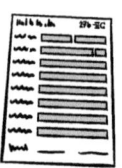

ffurflen

el formulario

dogfen

el documento

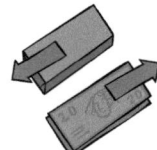

prynu

comprar

talu

pagar

masnachu

hacer negocios

arian

el dinero

doler

el dólar

ewro

el euro

yen

el yen

rwbl

el rublo

ffranc y Swistir

el franco suizo

yuan renminbi

el yuan

rwpi

la rupia

peiriant arian

el cajero automático

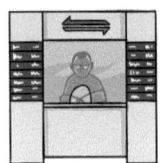

swyddfa gyfnewid

la casa de cambio

aur

el oro

arian

la plata

olew

el petróleo

ynni

la energía

pris

el precio

contract

el contrato

treth

el impuesto

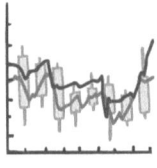

stoc

la acción

gweithio

trabajar

cyflogai

el empleado

cyflogwr

el empleador

ffatri

la fábrica

siop

el negocio

swyddi
las ocupaciones

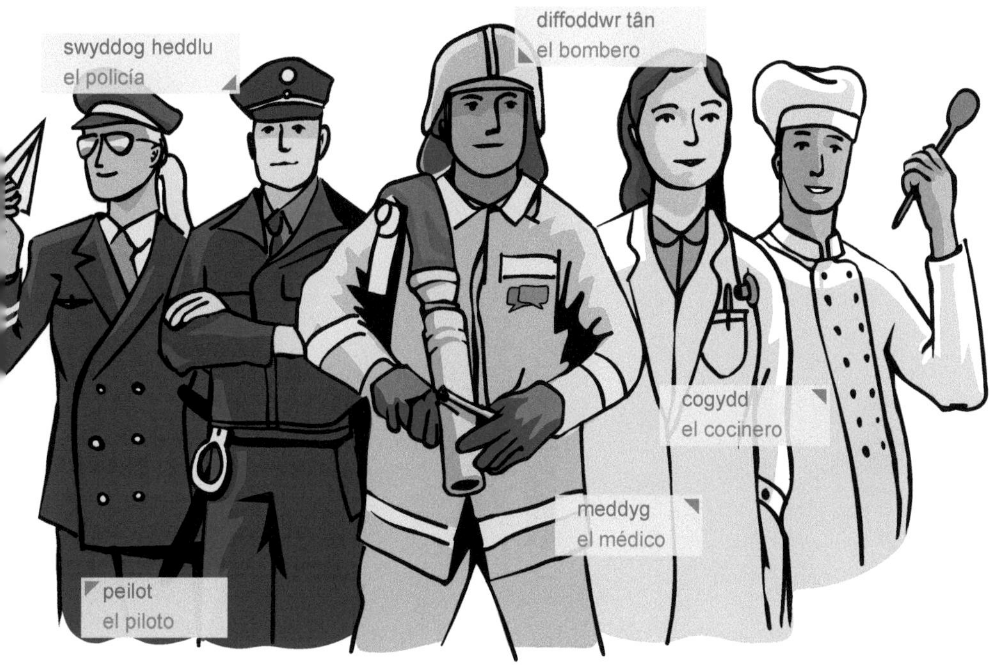

swyddog heddlu
el policía
diffoddwr tân
el bombero
cogydd
el cocinero
meddyg
el médico
peilot
el piloto

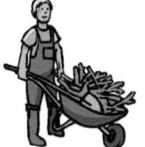

garddwr

el jardinero

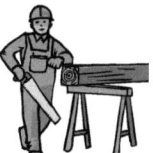

saer

el carpintero

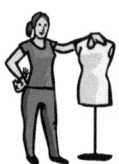

gwniadwraig

la modista

barnwr

el juez

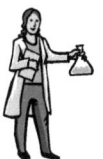

fferyllydd

el farmacéutico

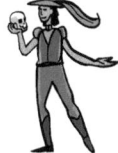

actor

el actor

gyrrwr bws

el colectivero

gyrrwr tacsi

el taxista

pysgotwr

el pescador

glanhawraig

la mucama

töwr

el techista

gweinydd

el mozo

heliwr

el cazador

paentiwr

el pintor

pobydd

el panadero

trydanwr

el electricista

adeiladwr

el albañil

peiriannydd

el ingeniero

cigydd

el carnicero

plymiwr

el plomero

dyn y post

el cartero

milwr

el soldado

pensaer

el arquitecto

ariannwr

el cajero

gwerthwr blodau

el florista

triniwr gwallt

el peluquero

archwiliwr tocynnau
rheilffordd

el cobrador

mecanydd

el mecánico

capten

el capitán

deintydd

el dentista

gwyddonydd

el científico

rabi

el rabino

imam

el imán

mynach

el monje

clerigwr

el sacerdote

offer
las herramientas

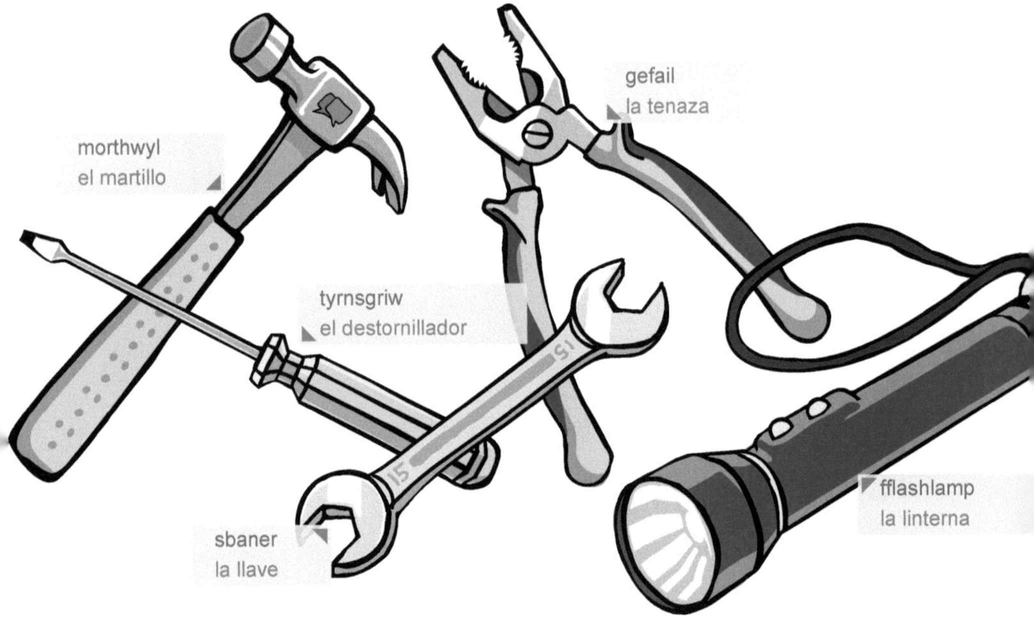

gefail
la tenaza
morthwyl
el martillo
tyrnsgriw
el destornillador
fflashlamp
la linterna
sbaner
la llave

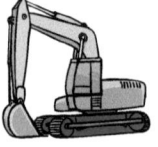

turiwr

la excavadora

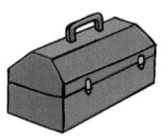

blwch offer

la caja de herramientas

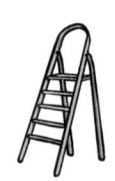

ysgol

la escalera portátil

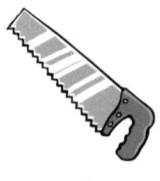

llif

la sierra

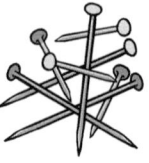

hoelion

los clavos

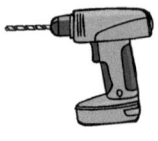

dril

el taladro

trwsio

arreglar

rhaw

la pala de jardín

Daria!

¡Qué bronca!

rhaw lwch

la pala de plástico

pot paent

el tacho de pintura

sgriwiau

los tornillos

offerynnau cerdd
los instrumentos musicales

set drymiau
la batería

uchelseinydd
el parlante

gitâr
la guitarra

bas dwbl
el contrabajo

trwmped
la trompeta

piano
....
el piano

ffidil
....
el violín

bas
....
el bajo

timpani
....
los timbales

drymiau
....
el tambor

cyweirfwrdd
....
el teclado

sacsoffon
....
el saxofón

ffliwt
....
la flauta

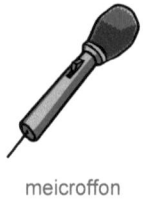

meicroffon
....
el micrófono

sŵ

el zoológico

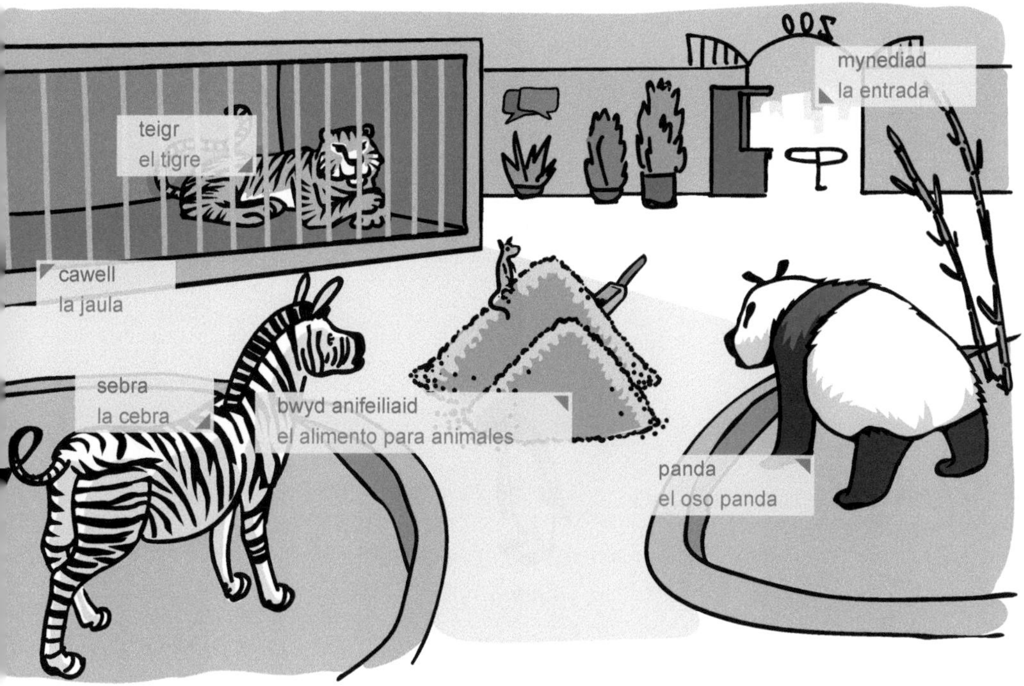

mynediad
la entrada
teigr
el tigre
cawell
la jaula
sebra
la cebra
bwyd anifeiliaid
el alimento para animales
panda
el oso panda

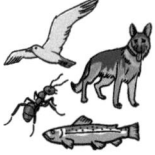

anifeiliaid

los animales

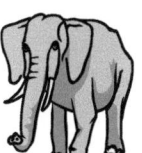

eliffant

el elefante

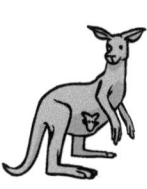

cangarŵ

el canguro

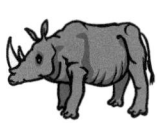

rhinoseros

el rinoceronte

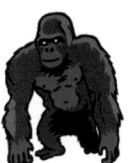

gorila

el gorila

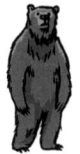

arth

el oso

camel

el camello

estrys

el avestruz

llew

el león

mwnci

el mono

fflamingo

el flamenco

parot

el loro

arth wen

el oso polar

pengwin

el pingüino

siarc

el tiburón

paun

el pavo real

neidr

la serpiente

crocodeil

el cocodrilo

gofalwr sŵ

el cuidador del zoológico

morlo

la foca

jagwar

el jaguar

merlyn

el poni

llewpard

el leopardo

hipo

el hipopótamo

jiráff

la jirafa

eryr

el águila

baedd

el jabalí

pysgodyn

el pescado

crwban

la tortuga

walrws

la morsa

llwynog

el zorro

gafrewig

la gacela

pêl-droed America
el fútbol americano

beicio
el ciclismo

tennis
el tenis

pêl-fasged
el básquet

nofio
la natación

hoci iâ
el hockey sobre hielo

bocsio
el boxeo

pêl-droed
el fútbol

badminton
el bádminton

athletau
el atletismo

pêl-law
el handball

sgïo
el esquí

polo
el polo

gweithgareddau
las actividades

chwerthin
reír
neidio
saltar
cofleidio
abrazar
cerdded
caminar
canu
cantar
breuddwydio
soñar
gweddïo
rezar
cusanu
besar

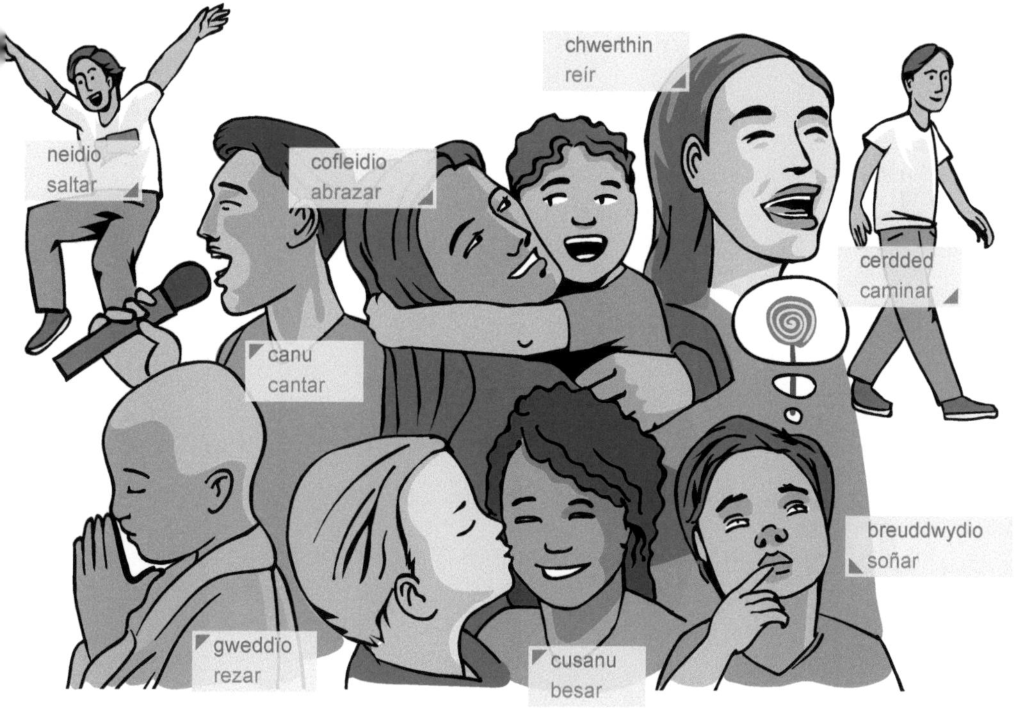

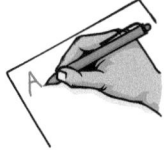

ysgrifennu
escribir

tynnu
dibujar

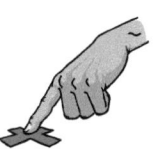

dangos
mostrar

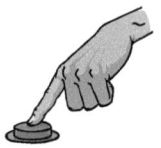

gwthio
presionar

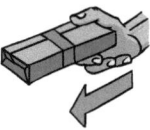

rhoi
dar

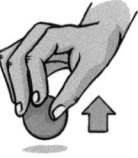

cymryd
tomar

bod gan

tener

gwneud

hacer

bod

ser

sefyll

estar parado

rhedeg

correr

tynnu

tirar

taflu

tirar

disgyn

caer

gorwedd

estar acostado

aros

esperar

cario

llevar

eistedd

estar sentado

gwisgo amdanoch

vestirse

cysgu

dormir

deffro

despertar

edrych ar
mirar

crïo
llorar

anwesu
acariciar

cribo
peinar

siarad
hablar

deall
entender

gofyn
preguntar

gwrando
escuchar

yfed
beber

bwyta
comer

tacluso
ordenar

caru
amar

coginio
cocinar

gyrru
manejar

hedfan
volar

hwylio

navegar

cyfrifo

calcular

darllen

leer

dysgu

aprender

gweithio

trabajar

priodi

casarse

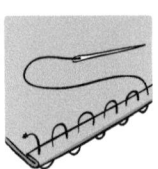

gwnïo

coser

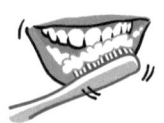

brwsio dannedd

cepillarse los dientes

lladd

matar

ysmygu

fumar

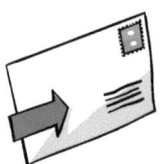

anfon

enviar

teulu
la familia

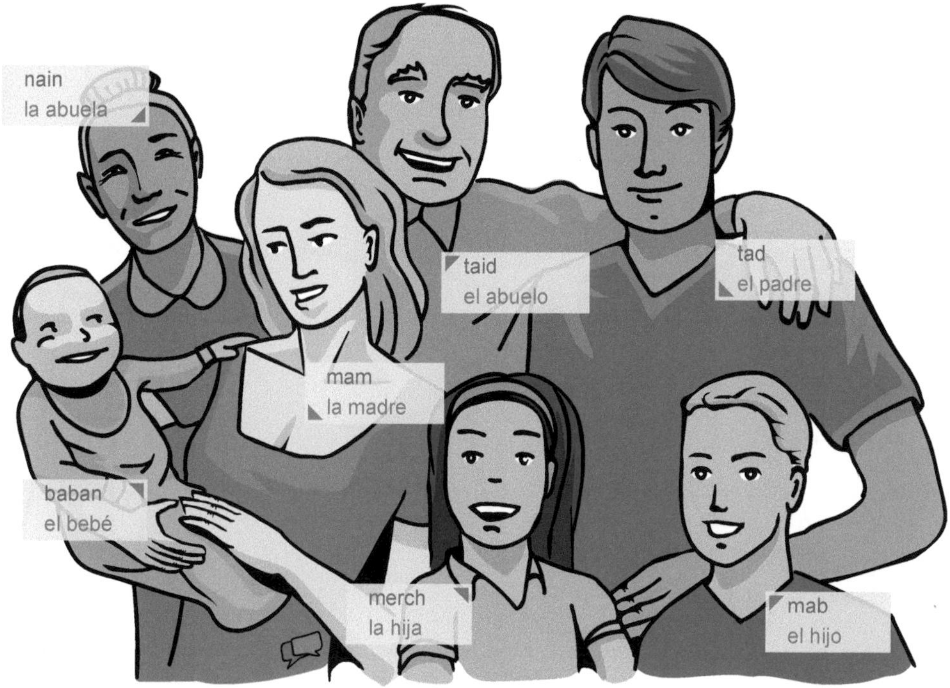

nain
la abuela
taid
el abuelo
tad
el padre
mam
la madre
baban
el bebé
merch
la hija
mab
el hijo

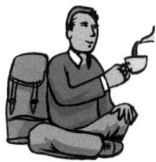

gwestai

el invitado

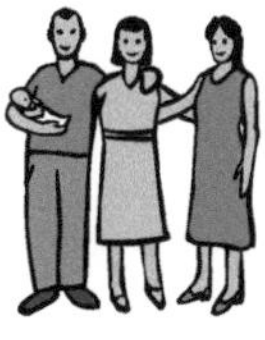

modryb

la tía

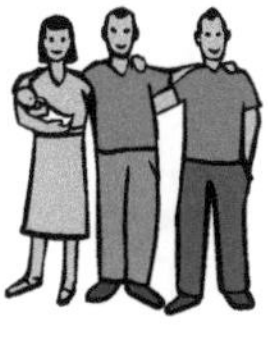

ewythr

el tío

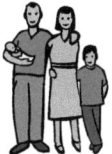

brawd

el hermano

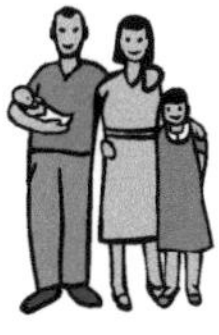

chwaer

la hermana

corff
el cuerpo

talcen
la frente
llygad
el ojo
ysgwydd
el hombro
bys
el dedo
wyneb
la cara
gên
la pera
llaw
la mano
coes
la pierna
bron
el pecho
braich
el brazo

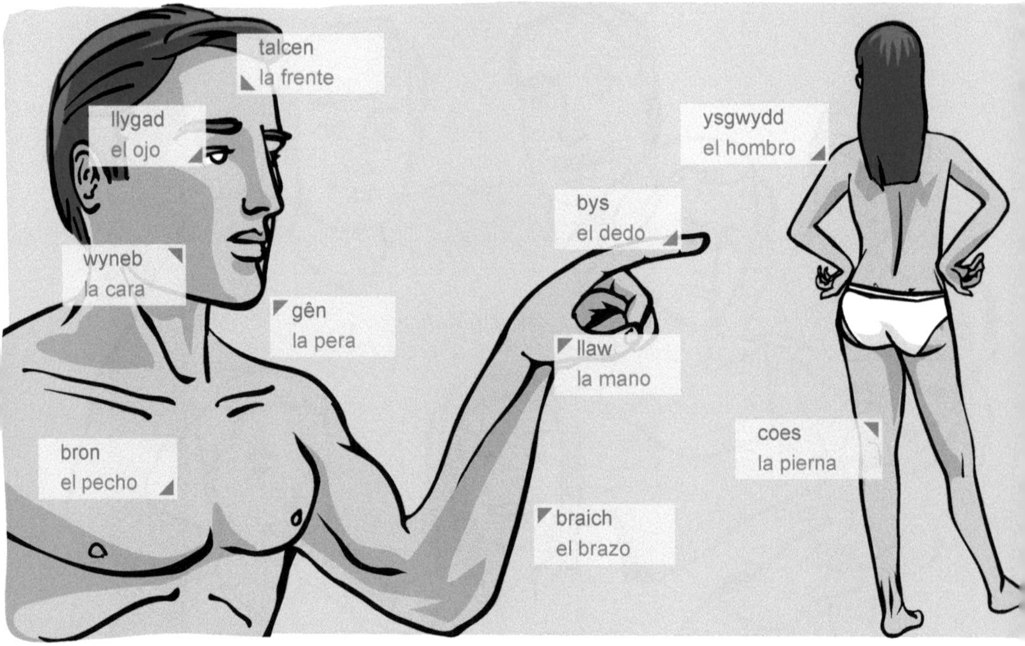

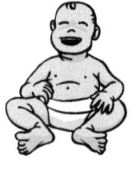

baban
el bebé

dyn
el hombre

gwraig
la mujer

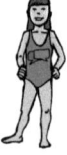

geneth
la nena

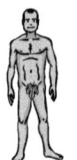

bachgen
el nene

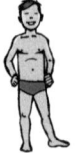

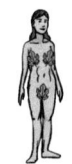

pen
la cabeza

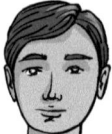

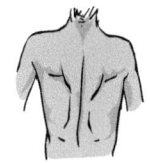

cefn

la espalda

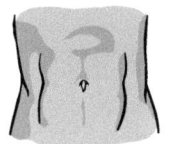

bel

la panza

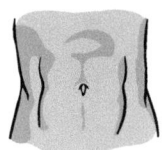

bogail

el ombligo

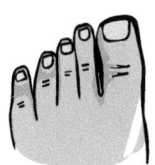

bys troed

el dedo del pie

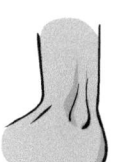

sawdl

el talón

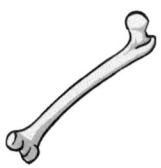

asgwrn

el hueso

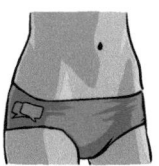

clun

la cadera

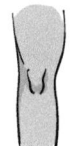

pen-glin

la rodilla

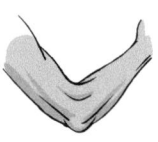

penelin

el codo

trwyn

la nariz

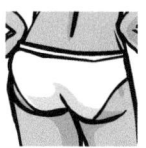

pen ôl

la cola

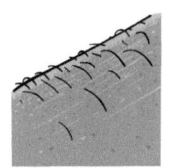

croen

la piel

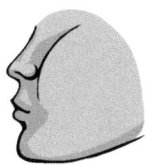

boch

el cachete

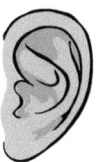

clust

la oreja

gwefus

el labio

ceg

la boca

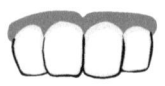

dant

el diente

tafod

la lengua

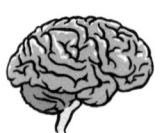

ymennydd

el cerebro

calon

el corazón

cyhyr

el músculo

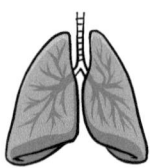

ysgyfaint

el pulmón

iau

el hígado

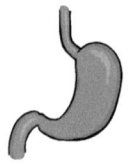

stumog

el estómago

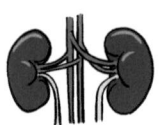

arennau

los riñones

rhyw

el sexo

condom

el preservativo

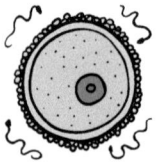

ofwm

el óvulo

semen

el semen

beichiogrwydd

el embarazo

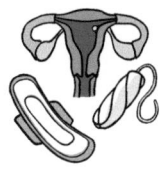

mislif
-----
la menstruación

fagina
-----
la vagina

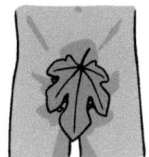

pidyn
-----
el pene

ael
-----
la ceja

gwallt
-----
el pelo

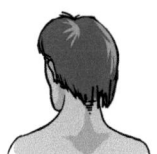

gwddf
-----
el cuello

ysbyty
el hospital

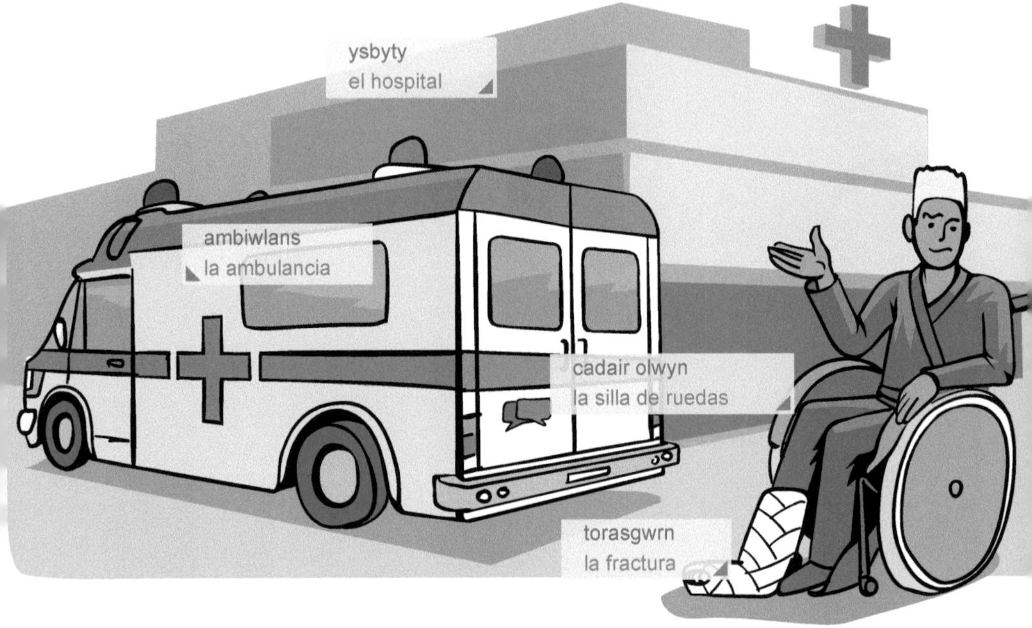

ysbyty
el hospital
ambiwlans
la ambulancia
cadair olwyn
la silla de ruedas
torasgwrn
la fractura

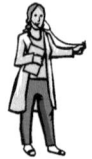

meddyg
el médico

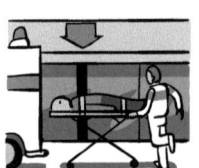

ystafell argyfwng
la sala de guardia

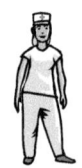

nyrs
la enfermera

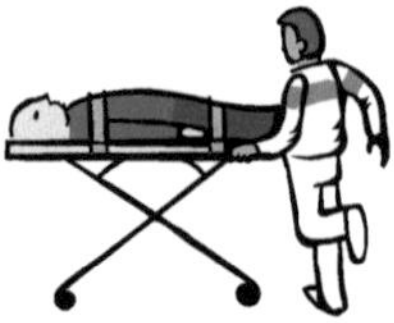

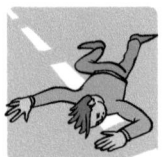

argyfwng
la emergencia

anymwybodol
inconsciente

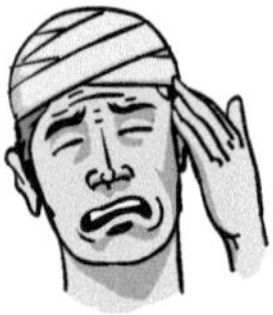

poen
el dolor

anaf

la lesión

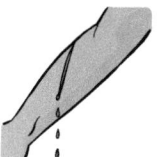

gwaedu

la hemorragia

trawiad ar y galon

el infarto

strôc

el ACV

alergedd

la alergia

peswch

la tos

twymyn

la fiebre

ffliw

la gripe

dolur rhydd

la diarrea

cur pen

el dolor de cabeza

canser

el cáncer

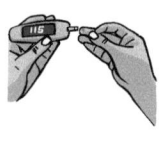

diabetes

la diabetes

llawfeddyg

el cirujano

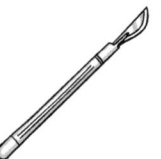

fflaim

el bisturí

gweithrediad

la operación

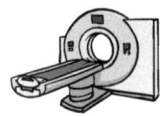

CT
....
la TC

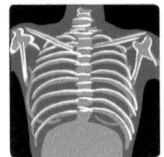

pelydr-x
....
los rayos x

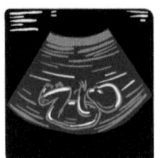

uwchsain
....
la ecografía

mwgwd wyneb
....
el barbijo

clefyd
....
la enfermedad

ystafell aros
....
la sala de espera

bagl
....
la muleta

plastr
....
la curita

rhwymyn
....
la venda

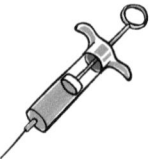

pigiad
....
la inyección

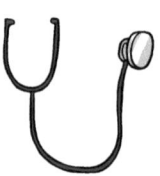

stethosgop
....
el estetoscopio

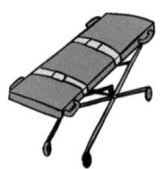

elorwely
....
la camilla

thermomedr clinigol
....
el termómetro

genedigaeth
....
el nacimiento

dros bwysau
....
el sobrepeso

cymorth clyw

el audífono

diheintydd

el desinfectante

haint

la infección

firws

el virus

HIV / AIDS

el VIH / SIDA

meddygaeth

el remedio

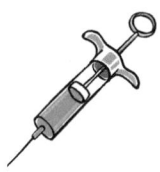

brechiad

la vacunación

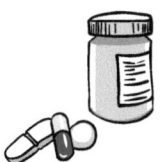

tabledi

los comprimidos

y bilsen

la pastilla anticonceptiva

galwad frys

la llamada de emergencia

monitor pwysau gwaed

el tensiómetro

yn sâl / yn iach

enfermo / sano

Help!

¡Ayuda!

larwm

la alarma

ymosodiad

la agresión

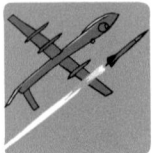

ymosodiad

el ataque

perygl

el peligro

allanfa argyfwng

la salida de emergencia

Tân!

¡Fuego!

diffoddwr tân

el matafuego

damwain

el accidente

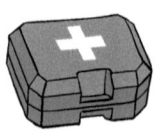

pecyn cymorth cyntaf

el botiquín de primeros auxilios

SOS

el SOS

heddlu

la policía

Ewrop

Europa

Gogledd America

América del Norte

De America

América del Sur

Affrica

África

Asia

Asia

Awstralia

Australia

Iwerydd

el Atlántico

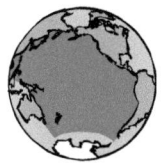

y Môr Tawel

el Pacífico

Cefnfor yr India

el Océano Índico

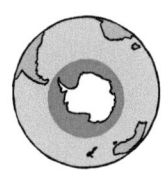

Cefnfor yr Antarctig

el Océano Antártico

Cefnfor yr Arctig

el Océano Ártico

Pegwn y Gogledd

el polo norte

Pegwn y De

el polo sur

Antarctica

la Antártida

y Ddaear

la Tierra

tir

la tierra

môr

el mar

ynys

la isla

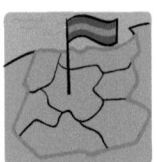

cenedl

la nación

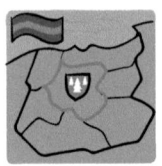

gwladwriaeth

el estado

wyneb cloc

la esfera

bys awr

la manecilla de las horas

bys munud

el minutero

bys eiliad

el segundero

Faint o'r gloch yw hi?

¿Qué hora es?

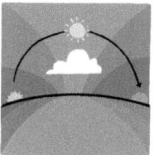

dydd

el día

amser

la hora

yn awr

ahora

cloc digidol

el reloj digital

munud

el minuto

awr

la hora

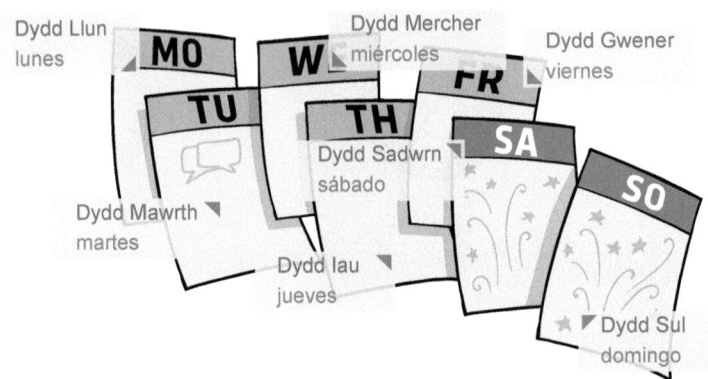

Dydd Llun
lunes

Dydd Mercher
miércoles

Dydd Gwener
viernes

Dydd Sadwrn
sábado

Dydd Mawrth
martes

Dydd Iau
jueves

Dydd Sul
domingo

ddoe

ayer

heddiw

hoy

yfory

mañana

bore

la mañana

canol dydd

el mediodía

noswaith

la tarde

MO	TU	WE	TH	FR	SA	SU
1	2	3	4	5	6	7
8	9	10	11	12	13	14
15	16	17	18	19	20	21
22	23	24	25	26	27	28
29	30	31	1	2	3	4

diwrnodiau busnes

los días hábiles

MO	TU	WE	TH	FR	SA	SU
1	2	3	4	5	6	7
8	9	10	11	12	13	14
15	16	17	18	19	20	21
22	23	24	25	26	27	28
29	30	31	1	2	3	4

penwythnos

el fin de semana

blwyddyn

el año

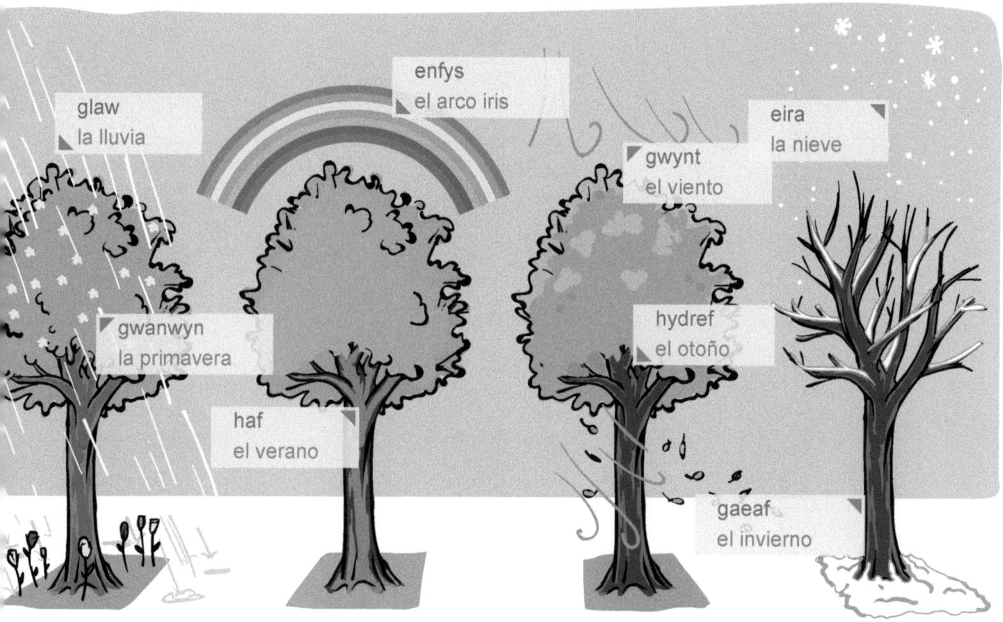
enfys
el arco iris
glaw
la lluvia
eira
la nieve
gwynt
el viento
gwanwyn
la primavera
hydref
el otoño
haf
el verano
gaeaf
el invierno

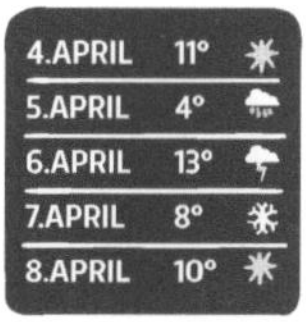
4.APRIL 11°
5.APRIL 4°
6.APRIL 13°
7.APRIL 8°
8.APRIL 10°

rhagolygon y tywydd

ronóstico meteorológico

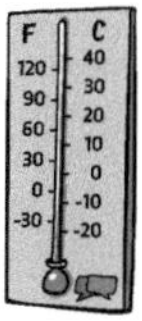
F C
120 40
90 30
60 20
30 10
0 0
-30 -10
-20

thermomedr

el termómetro

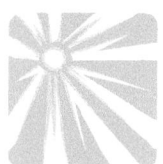

heulwen

la luz del sol

cwmwl

la nube

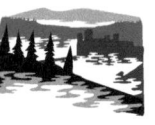

niwl tew

la niebla

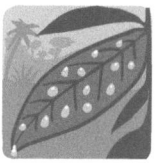

lleithder

la humedad

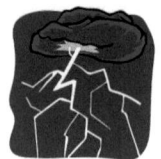

mellt

el rayo

taranau

el trueno

storm

la tormenta

cenllysg

el granizo

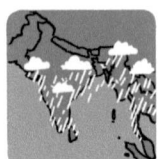

monsŵn

el monzón

llif

la inundación

iâ

el hielo

Ionawr

enero

Chwefror

febrero

Mawrth

marzo

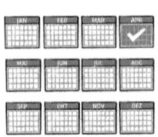

Ebrill

abril

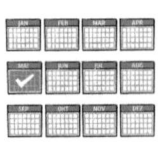

Mai

mayo

Mehefin

junio

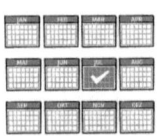

Gorffennaf

julio

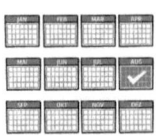

Awst

agosto

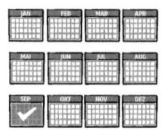

Medi
....
septiembre

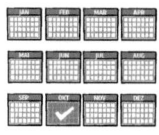

Hydref
....
octubre

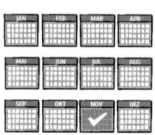

Tachwedd
....
noviembre

Rhagfyr
....
diciembre

siapiau
las formas

cylch
....
el círculo

sgwâr
....
el cuadrado

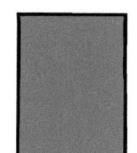

petryal
....
el rectángulo

triongl
....
el triángulo

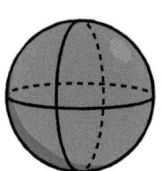

sffêr
....
la esfera

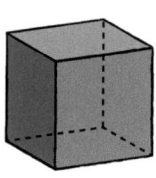

ciwb
....
el cubo

lliwiau
colores

gwyn

blanco

melyn

amarillo

oren

naranja

pinc

rosa

coch

rojo

porffor

violeta

glas

azul

gwyrdd

verde

brown

marrón

llwyd

gris

du

negro

llawer / ychydig

mucho / poco

dig / tawel

enojado / tranquilo

hardd / hyll

lindo / feo

dechrau / diwedd

el principio / el fin

mawr / bach

grande / chico

llachar / tywyll

claro / oscuro

brawd / chwaer

hermano / la hermana

glân / budr

limpio / sucio

gyflawn / anghyflawn

completo / incompleto

dydd / nos

el día / la noche

farw / yn fyw

muerto / vivo

eang / cul

ancho / angosto

bwytadwy / anfwytadwy

comestible / no comestible

drwg / caredig

malo / amable

llawn cyffro / diflasu

entusiasmado / aburrido

tew / tenau

gordo / flaco

cyntaf / olaf

primero / último

cyfaill / gelyn

el amigo / el enemigo

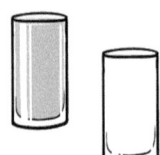

llawn / gwag

lleno / vacío

caled / meddal

duro / blando

trwm / ysgafn

pesado / liviano

wedi newynnu / yn sychedig

el hambre / la sed

yn sâl / yn iach

enfermo / sano

anghyfreithlon / cyfreithiol

ilegal / legal

deallus / twp

inteligente / estúpido

chwith / dde

izquierda / derecha

agos / pell

cerca / lejos

ewydd / wedi'i ddefnyddio

nuevo / usado

dim / rhywbeth

nada / algo

hen / ifanc

viejo / joven

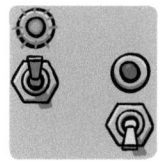

ymlaen / i ffwrdd

encendido / apagado

ar agor / ar gau

abierto / cerrado

tawel / uchel

silencioso / ruidoso

cyfoethog / tlawd

rico / pobre

cywir / anghywir

correcto / incorrecto

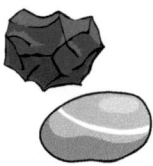

garw / llyfn

áspero / suave

trist / hapus

triste / contento

byr / hir

corto / largo

araf / cyflym

lento / rápido

gwlyb / sych

mojado / seco

cynnes / claear

caliente / frío

rhyfel / heddwch

guerra / paz

0

sero

cero

1

un

uno

2

dau

dos

3

tri

tres

4

pedwar

cuatro

5

pump

cinco

6

chwech

seis

7

saith

siete

8

wyth

ocho

9

naw

nueve

10

deg

diez

11

un deg un

once

12

un deg dau

doce

13

un deg tri

trece

14

un deg pedwar

catorce

15

un deg pump

quince

16

un deg chwech

dieciséis

17

un deg saith

diecisiete

18

un deg wyth

dieciocho

19

un deg naw

diecinueve

20

dau ddeg

veinte

100

cant

cien

1.000

mil

mil

1.000.000

miliwn

el millón

ieithoedd

los idiomas

Saesneg

el inglés

Saesneg America

el inglés americano

Tsieinëeg Mandarin

el chino mandarín

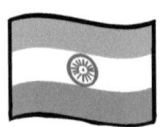

Hindi

el hindi

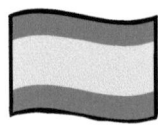

Sbaeneg

el español

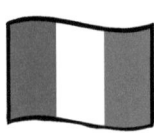

Ffrangeg

el francés

Arabeg

el árabe

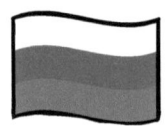

Rwseg

el ruso

Portiwgaleg

el portugués

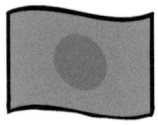

Bengali

el bengalí

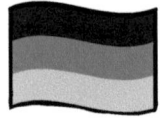

Almaeneg

el alemán

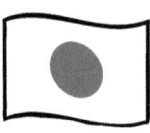

Siapanaeg

el japonés

fi
----
yo

ti
----
vos

ef / hi

él / ella

ni
----
nosotros

chi
----
ustedes

nhw
----
ellos

pwy?

¿quién?

beth?

¿qué?

sut?

¿cómo?

ble?

¿dónde?

pryd?

¿cuándo?

enw
----
el nombre

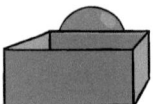

y tu ôl i

detrás

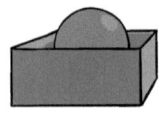

yn / yng / ym / mewn

en

o flaen

adelante de

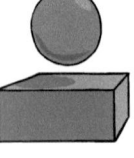

dros

por encima de

ar

sobre

dan

debajo de

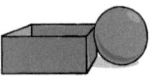

wrth ochr

al lado de

rhwng

entre

lle

el lugar